TU N'AS RIEN VU À FUKUSHIMA

DANIEL DE ROULET

TU N'AS RIEN VU À FUKUSHIMA

BUCHET ❁ CHASTEL

DU MÊME AUTEUR

AUX MÊMES ÉDITIONS BUCHET-CHASTEL

L'homme qui tombe, 2005
Kamikaze Mozart, 2007
Fusions (à paraître)

ISBN : 978-2-283-02528-4

Chère Kayoko,

Je voudrais avoir de vos nouvelles. Voilà que le temps change chez vous, Tokyo risque d'être sous le vent de la centrale de Fukushima pour le week-end. Que vont faire les trente-cinq millions d'habitants de la ville ? Qu'allez-vous faire ? Vous calfeutrer, sortir en combinaison étanche ? Est-ce que vous avez été avertie à temps ? J'ai essayé déjà vos deux adresses de courriel, n'ose pas utiliser votre portable pour me rassurer, moi qui suis bien à l'abri dans ma campagne française. Pas ajouter non plus le voyeurisme à votre affolement. Je fais donc la seule chose qui aide et fait passer l'angoisse, je vous écris une lettre que je traduirai en anglais pour que vous sachiez combien je pense à vous.

Voici juste une année, vous m'aviez invité un soir à sept heures. Le printemps débarquait à Tokyo, avec ces branches de cerisiers qui passaient en une nuit des bourgeons noirs aux pétales blancs, sans avoir eu de feuilles. Rendez-vous devant la banque où vous travailliez. Je relis votre courriel, expliquant en détail la manière de vous retrouver : « Prendre la ligne verte du métro en direction de Shinjuku, sortir à Shibuya, changer pour la ligne jaune, direction Ginza, descendre au premier arrêt, Omotesando, prendre la sortie B4, en ressortant de terre, arrêtez-vous face à Mizuho Bank, soyez à l'heure, 7.00. » C'était votre manière, japonaise et précise, de me fixer rendez-vous. Je recopie ça tranquillement, comme on parcourt la correspondance de quelqu'un qui s'est tu. Mais vous allez répondre à mes premiers messages, s'il vous plaît. À cette heure, il fait nuit chez vous, en vous réveillant, écrivez-moi.

Nous ne nous étions plus revus depuis New York, pendant deux mois vous habitiez au-dessus de ma chambre, chaque nuit j'entendais les longs téléphones qui vous reliaient au Japon. J'avais traduit en français l'un de vos textes, l'histoire d'une femme qui perd son enfant – une tendre tristesse. Vous m'aviez alors laissé entrevoir ce qui comptait pour vous dans votre travail d'écrivain, les blessures secrètes que vous colmatiez.

J'arrive devant la banque, vous êtes là, tout sourire, maquillée à la new-yorkaise, vêtements de princesse, couture japonaise, vous me prenez le bras dans la foule dense du soir, nous tournons à gauche, à droite, je me laisse guider jusque dans une cave où les serveurs nous accueillent en criant, où les cuisiniers transpirent derrière leur bandeau frontal.

Vous négociez deux places au bar et voilà, c'est aussi simple que ça, un rendez-vous à Tokyo.

Je serais incapable de retrouver l'endroit, je me souviens pourtant des plats que vous m'avez fait goûter et de beaucoup de choses que nous avons dites en riant ou pour de bon. Je mets la main sur un mot que j'ai griffonné, en rentrant le soir à mon hôtel : « Avec Kayoko dans un super bistrot manger du bœuf nourri à la bière, du requin et du thon – je n'ai pas osé protester. Et me faire inviter par elle, moi qui suis plus vieux que sa mère. Ses yeux ne commencent pas tout de suite de chaque côté du nez, il y a d'abord une surface lisse – pour les larmes ? La nuque, les poignets et les chevilles sont les trois endroits où la peau de la femme en kimono provoque l'extase de l'homme. » Cette dernière remarque, je ne sais pas si c'est vous qui l'avez faite ou si c'est une pensée qui m'est venue en voyant une autre femme en kimono. J'ai peut-être aperçu vos chevilles, vos poignets, mais vous cachiez votre nuque sous des cheveux très noirs. Nous avons parlé de votre deuxième travail, non plus la banque, mais l'université américaine où vous enseignez la littérature. Avez-vous donné un cours aujourd'hui ? Il paraît qu'à Tokyo la vie est normale, le métro bondé, les bars aussi, juste un peu moins de néons aux façades de Shinjuku.

Pendant que passaient des mets que je n'avais jamais goûtés, vous me racontiez le destin de votre grand-père, médecin militaire disparu dans la jungle pendant la Deuxième Guerre mondiale.

Le lendemain, sur vos conseils, je suis allé au musée d'art construit par Le Corbusier voir les peintures de guerre des artistes enrôlés dans votre armée, comme Foujita. Esthétique napoléonienne, sujets tristement guerriers, des milliers de soldats massacrés comme dans l'enfer de Bosch. Vous vous souvenez : *New Guinea Campaign, Hashimoto Yaoji, 1944*. Où en êtes-vous de cette histoire d'ancêtre disparu ? Que cherchiez-vous dans les horreurs de cette guerre ? Je vous ai raconté ma rencontre de la veille avec Mori, l'agent littéraire. Parlant de mon roman *Kamikaze Mozart*, il m'avait expliqué que les Japonais n'aiment pas qu'un étranger leur parle de leur histoire, je n'avais pas à me mêler du destin des kamikazes. Vous aviez approuvé son point de vue. Notre malheur ne vous regarde pas, aviez-vous dit. Je vous avais trouvée dure. Et maintenant, votre malheur, ne nous concerne-t-il pas malgré vous ? Ces employés de l'usine de Fukushima ne se comportent-ils pas en kamikazes, samouraïs de l'atome ? Un héroïsme qui ressemble à celui des liquidateurs de Tchernobyl, qui ont reçu de telles doses qu'on a dû les ensevelir dans des cercueils de plomb où ils refroidiront pendant cent ans encore. Fêtés dans les journaux, j'ai ça sous les yeux : « Gloire aux héros de l'atome. Le réacteur est vaincu. Tchernobyl, lieu de tous les exploits. »

Face au malheur du tsunami, face aux pompiers morts au champ d'honneur, aux ingénieurs sacrifiés, volontaires ou non, je suis comme la Française venue tourner un film avec un acteur japonais qui lui répète : « Tu n'as rien vu à Hiroshima. » Lui non plus n'aimait pas qu'on se mêle de son malheur – c'était Emmanuelle Riva dans *Hiroshima mon amour*. Depuis cinq jours, chaque fois que j'ouvre mon ordinateur, je suis devant les images de Fukushima, les panaches de fumées, les explosions, les hélicoptères qui larguent de l'eau sur les piscines à sec, les réacteurs ébréchés et je vous entends me dire : « Tu n'as rien vu à Fukushima. » Vous avez raison, je suis à des milliers de kilomètres de là, sur une terre qui ne tremble pas, loin de la mer et on me raconte que les journalistes français s'enfuient, que les spécialistes de la radioprotection envoyés par les gouvernements européens sont déplacés de plusieurs centaines de kilomètres, s'enfuient donc eux aussi. Je déplore cette lâcheté professionnelle, mais qu'aurais-je fait moi-même ? Si vous m'aviez donné rendez-vous aujourd'hui et non pas le 18 mars de l'an dernier ? Dans ce bar souterrain, vous m'avez expliqué les différentes manières de boire le saké, soulever le godet de porcelaine quand on vous sert, supplément au voyage dans les îles de M. Roland Barthes. Oui, c'est cela qui me plaisait dans votre cité, ce raffinement des pétales de cerisiers qui pleuvaient sur la ville. Et les mots : Fukushima est devenu pour moi un de ces noms qui fond sur la langue comme le bœuf élevé à la bière, vous savez sans doute en détacher chaque syllabe, en dessiner l'idéogramme. Fukushima signifie l'île du bonheur, les dieux ont dû se tromper.

Un jour, à Kobe, peu après le tremblement de terre de 1995, j'avais rencontré des étudiants et leur avais lu en français deux chapitres d'un roman où un jeune Japonais voyageait autour du monde. Je le faisais parler de sa grand-mère irradiée, il confiait chaque soir ses sentiments à son journal. J'avais demandé à ce jeune public s'il appréciait qu'un Européen se mette ainsi dans la peau d'un de leurs compatriotes, si c'était réaliste et pas exotique. Je n'avais reçu que des compliments polis, accompagnés de révérences obséquieuses, jusqu'à ce qu'un timide jeune homme au fond de la salle demande la parole et, dans un silence glacial, dise quelques phrases dans sa langue. Quand il eut terminé, j'ai demandé au traducteur pourquoi il ne traduisait pas, il a fini par jouer son rôle à voix basse. L'étudiant avait dit qu'un Européen qui évoque Hiroshima dans un roman relève du même mauvais goût qu'un Japonais qui programmerait un jeu vidéo sur les fours crématoires d'Auschwitz. Je n'ai su que répondre, j'ai mis plusieurs années à comprendre cette remarque, aujourd'hui encore je conte l'anecdote pour faire partager ma honte d'alors. J'avais utilisé la fiction là où trois générations de Japonais essayaient de se confronter à la réalité nue.

Auschwitz, pour moi, c'est l'horreur absolue, non pas tant à cause des barbelés électrifiés qu'on y conserve, du *Arbeit macht frei* de l'entrée ou des enfants arrachés à leur mère. C'est le caractère industriel, la gestion des flux, le contrôle des processus, les rails qui pénètrent au cœur de l'usine qui me terrifient. J'y suis retourné avec quatre adolescents de quinze ans, nous avons pris des trains à travers l'Europe, une semaine de leurs vacances, pour approcher lentement, non pas juste comme ça en avion et en taxi, comme font d'autres qui pleurent un bon coup sur les victimes. Nous avons eu la gorge serrée plusieurs jours durant mais aucun de nous n'a pleuré. C'était pour essayer de comprendre.

Et maintenant puisqu'on en est là, vous et moi – je dis vous parce qu'en anglais, Kayoko, je ne suis pas certain de dire tu –, maintenant je vais vous confier quelque chose d'indécent. J'ai visité plusieurs centrales, celle de Hanford dans le nord-ouest des États-Unis où le plutonium se fabrique à la chaîne. Savez-vous que, dès 1946, des tribus indiennes y ont été irradiées, comme ça, pour voir ce que ça leur ferait? Et Three Mile Island sur son île maudite après la catastrophe de mars 1979. Et Koeberg, près du Cap, la seule installation atomique du continent africain, le régime de l'apartheid y a produit ses ogives nucléaires grâce à l'uranium enrichi d'une centrale helvétique. Je suis fasciné par ces réacteurs hors d'échelle, par ces tours de refroidissement qui percent les nuages, par ces enceintes de confinement, par ces parois d'acier derrière lesquelles les atomes se fissurent. Devant ces machines trop parfaites, j'ai le même sentiment de démesure, de folie humaine que j'ai éprouvé à Sachsenhausen, à Dachau, à Auschwitz. Je sais ce qu'il y a d'indécent à dire que les camps de concentration sont les monuments de la folie de la première moitié du

XXe siècle et les centrales ceux de la démesure de sa seconde, mais c'est exactement ce que je ressens malgré – ou à cause de – l'ordre et la rationalité qui président à leur architecture.

J'ai moi-même travaillé dans une centrale en Suisse. Nous étions chargé de programmer dans la salle de commande un ordinateur qui diffuserait les alarmes au personnel mobilisé en cas d'avarie. Pour arriver jusqu'à cette salle, il fallait traverser le chantier où régnait un joyeux désordre, les coffrages de béton et les murs en construction étaient abondamment couverts de graffitis, les uns de caractère pornographique, les autres franchement contestataires, questions impertinentes en plusieurs langues, injures, y compris le fameux : « Nucléaire, plus con tumeur. » Je m'étonnais que ceux-là même qu'on chargeait de construire l'usine trouvent si peu de sens à leur travail. À vrai dire, j'étais dans le même cas, sans confiance, imaginant tout au plus que mon travail servirait en cas d'incident.

Plus tard, juste avant la mise en service de cette installation, je suis allé manifester à ses portes avec des milliers d'antinucléaires, mon fils de cinq ans sur les épaules. Nous avons été frontalement aspergés par les canons à eau des gendarmes, étouffés par leurs grenades lacrymogènes. Heureusement, je connaissais l'endroit, j'ai su indiquer à quelques familles angoissées le chemin de la retraite.

Je pense parfois à ce menuisier juif qui rabotait des planches pour les nazis et qui s'est retrouvé un jour au Struthof, enfermé dans un baraquement dont il reconnut le bois. Nous sommes pris à notre piège, nous avons collaboré à un système que nous savions porteur d'une mort atroce et nous n'avons eu qu'un courage intermittent pour nos propres idéaux. Je ne parle pas de renégats, mais de notre indifférence à la marche du monde, de notre opportunisme technologique.

J'en étais où ? Je reprends, ce matin devant mon écran j'évite d'ouvrir la page des nouvelles de la nuit. Je sais que chez vous il est plus de seize heures, qu'il y aura un autre bilan, révision à la hausse du nombre des victimes dans les décombres du tsunami, autour de la centrale. Je retarde ce moment où je sentirai mon impuissance, ce moment aussi où je lirai votre réponse, enfin, m'annonçant que vous allez bien.

Hier soir, dans un restaurant nord-africain – couscous ou tajine, je vous ferai goûter –, arrive une famille aux yeux bridés. Elle venait ici aux côtés des Tunisiens, des Égyptiens et des Libyens, tous les malheurs de l'époque dans le même restaurant. En rentrant, j'ai trouvé un message de Tetsuo qui me dit qu'il va bien. À propos des réacteurs de Fukushima, il relève : « Ça n'a pas grand-chose à voir avec le tsunami, c'est fait de main d'homme, *man made.* » Puis il me parle du niveau de radioactivité à Tokyo, en hausse bien sûr, mais il parie sur le fait que ce ne sera pas mortel pour les siens et pour lui. Pessimisme de la raison, optimisme de la volonté, aurait noté Gramsci. Tetsuo évoque aussi le conflit d'intérêts entre les médias internationaux et ceux qui doivent gérer la situation sur place. Selon lui, les populistes d'extrême droite et leurs bloggeurs récupèrent aussitôt ce conflit. Il s'inquiète encore de l'effondrement du prix de l'uranium, les mines australiennes cherchant déjà de nouveaux clients militaires à qui vendre leur minerai, « *this is dangerous* ». Il termine en se plaignant : depuis deux jours il est privé de cinéma.

Je finirai bien par ouvrir ma messagerie pour prendre des nouvelles du Japon. Je suis sûr que vous allez bien, pas possible autrement, sûr aussi que vous me direz gentiment de me mêler de mes affaires. Si nous, Occidentaux, avons un problème avec l'atome, il n'est que théorique. Tandis que vous, avec Hiroshima, avec Nagasaki, vous avez déjà donné. J'ai cherché dans mes cahiers les notes prises les deux fois où je suis passé par Hiroshima, elles ne dépassent guère une banalité affligeante. À Nagasaki, en 1992, j'avais visité le lieu de l'impact majeur de la bombe atomique sur cette ville, puis le musée des horreurs, les nourrissons exorbités, les femmes sans cheveux, les chairs brûlées dans la pierre, une clochette d'argent incrustée, fondue dans la peau d'un grand-père. Mais ce jour-là, le volcan Unzen était entré en éruption, les touristes fuyaient, votre empereur était venu rassurer les écoliers qui portaient tous des chapeaux coniques en amiante pour se protéger des retombées de cendres brûlantes. Nagasaki était déjà passé à la catastrophe suivante.

Je vous parle trop de mes angoisses, de mes remords atomiques. En cela, je suis contaminé, tiraillé dans un débat ridicule. Le nucléocrate a toujours raison face au catastrophiste qui lui dit : « Je vous avais prévenu, la fin du monde est proche, voyez ce que vous avez fait. » Et le nucléocrate qui a pour lui l'urgence a beau jeu de répondre : « Avez-vous une autre solution pour éteindre le réacteur, avez-vous des hélicoptères, des volontaires, des gens prêts à se sacrifier pour sauver les trente-cinq millions d'habitants de Tokyo ? Non ? Alors taisez-vous. » Et le catastrophiste retient sa colère, souhaitant malgré lui une prochaine fois pire encore pour qu'enfin le nucléocrate cesse de mentir. Voilà quarante ans qu'on aurait pu développer d'autres énergies.

Moi-même qui écris depuis longtemps des romans où les atomistes n'ont pas le plus beau rôle, j'ai eu droit à leurs injures. Un directeur de l'AIEA à qui un journal avait ouvert ses colonnes a traité ma prose d'« erronée et abjecte ». Ce serait peut-être le moment de dénoncer la responsabilité personnelle de ces voyous dans les drames que vous vivez. Pour l'heure, ils gardent profil bas pour mieux ressortir leur venin dans quelque temps, comme après Tchernobyl quand ils nous ont fait le coup du nuage atomique arrêté par les frontières. Le cynisme de ces gens-là – écoutons-les nier le problème des déchets contaminés – n'a d'égal que notre propre fascination pour tant de merveilles que la science et le progrès nous offrent chaque jour. Le bleu vif d'une piscine où repose du combustible irradié, cet azur incroyable, l'effet Tcherenkov, signe d'une activité atomique en cours, provoque chez moi une émotion que j'ose à peine qualifier d'esthétique.

Je sais pourtant que la science n'est plus ce gai savoir que nous voudrions fêter. Quand Marie Curie puis Lise Meitner posent les prémices de ce qui deviendra Hiroshima et Fukushima, elles ouvrent une voie dans un fouillis de théories mal ajustées, comme Haussmann a percé les grands boulevards parisiens. Peu à peu, on y voit clair dans la structure de l'atome, dans la fission, la fusion. D'autres prolongent la machine à calculer de Pascal, l'électrifient, la réduisent en puces et c'est un émerveillement continu, un demi-siècle non plus de Lumières mais d'éclairs, de mémoires flash, illumination permanente comme la nuit à Shinjuku quand scintillent les mille publicités pour une vie meilleure. Souvenez-vous, Kayoko, de cette histoire que vous ne vouliez pas croire : une semaine avant notre rendez-vous, j'étais allé au sud de Tokyo visiter les immenses temples de Kamakura, leurs majestueux escaliers et surtout ce ginkgo, le plus vieux du Japon, mille ans au moins. Chaque année, il renaissait. Or j'avais photographié son dernier jour car, pendant la nuit qui a suivi, un vent terrible auquel il avait résisté durant des siècles l'a déraciné, cassé, tué. Tout le Japon l'a pleuré, affirmant que c'était un mauvais présage et vous ne m'avez cru qu'après avoir vérifié la date dans le coin du petit écran que je vous tendais. Vous avez assisté, m'avez-vous dit, à quelque chose qui ne devait pas avoir lieu de votre vivant. Nous en sommes là, des catastrophes qu'on disait impossibles, des noms qui se gravent en nous pendant des jours et que nous ne pouvons plus oublier, des noms que des habitants disaient chaque jour sans penser à mal, du genre : « Tu vas chercher un chou-fleur au supermarché de Tchernobyl, n'oublie pas de passer à la poste de Fukushima Daiichi. » Quand j'ai entendu il y a quelques jours le nom de Sendai, la grande ville au nord de Fukushima, je me suis souvenu de ma visite au marché de poissons et de la pension du bord de mer où nous logions avec notre fils. Le blondinet tenait à peine, attaché sur la selle de mon vélo, quand nous l'emmenions à travers les rizières, d'une plage à l'autre. Le matin, en guise de petit déjeuner, l'enfant recevait des oursins crus que l'aubergiste avait pêchés la nuit. L'idylle familiale sur une plage de Sendai, et maintenant ça s'appelle Fukushima et la terre entière y a vu un panache blanc et lugubre.

Il paraît qu'il est temps de s'indigner, c'est aussi ce que ma mère de quatre-vingt-douze ans me dit au téléphone. Comme elle est aveugle, elle n'a pas vu le panache, mais me raconte qu'à l'âge de cinq ans elle s'était un soir cachée sous la table où les adultes discutaient sérieusement. Il y avait là son oncle, c'était en 1923, il revenait du Japon où il avait échappé de justesse au tremblement de terre. À voix basse, il en faisait le récit aux adultes. Des malheureux s'enfuyant devant un incendie s'étaient réfugiés dans l'eau d'un étang, mais une coulée de lave incandescente les avait rejoints. Ils mourraient ébouillantés. Ça n'était pas le tsunami ni un réacteur en fusion, c'était les deux à la fois, l'eau et le feu et, disait l'oncle, les cadavres des paysans étaient blanchis comme des légumes à l'étuvée. Ma mère s'en souvient comme si c'était hier, me dit-elle.

Kayoko, j'espère que vous êtes en bonne santé, vous et votre mère avec qui vous habitez. Vous m'avez fait manger du thon malgré mes convictions, vous mangez volontiers de la baleine, m'avez-vous dit. C'est une erreur, vous savez bien, comme l'est chaque centrale atomique où qu'elle soit.

Avant-hier, j'étais invité pour une lecture au Granit de Belfort, une ville où l'industrie électronucléaire offre nombre d'emplois – General Electric qui a construit Fukushima y a son siège européen. À cause du feu atomique, j'ai cru bon de changer le programme. J'ai lu quelques pages d'un roman à paraître, *Fusions*, qui racontent les péripéties d'une experte japonaise, elle-même victime de la bombe sur Nagasaki, rentrant d'une mission de l'AIEA à Tchernobyl. La lecture a lieu à midi, entrée gratuite, sandwiches, va-et-vient dans la salle à l'italienne rénovée par Jean Nouvel. Quand j'en suis arrivé au passage sur les liquidateurs exposés à une mort certaine pour avoir trop approché la tranche Lénine, tous les bruits d'emballage et de mastication ont cessé dans la salle. Deux cent cinquante auditeurs attentifs, émus au souvenir de cette folie, ces hommes transformés en sous-hommes dont la vie ne sert plus à rien d'autre qu'au sacrifice. Contre la fusion du cœur, on a donc prévu d'immoler des ilotes ? Et que peut un texte contre un mal si sournois ?

Je me souviens d'un scientifique de trente et un ans, Vital Michalon. Dans les années soixante, il avait visité à pied le Népal, avait vécu dans un kibboutz en Israël, puis fait un stage au Centre d'études nucléaires à Grenoble. Fort de ses connaissances, il pensait que le surgénérateur était une folie, et nous avait rejoint à Malville, en juillet 1977. Officier de réserve, il connaissait les explosifs, s'est retrouvé en première ligne de la manif quand elle a été coincée dans l'entonnoir où le préfet de police prétendait « liquider l'occupant allemand ». Nous ne venions pourtant que de Genève, à moins de cent kilomètres de là. Vital a identifié les grenades, donné des consignes pour qu'on puisse respirer, qu'on n'ait pas les tympans percés. Soudain, on l'a vu sortir d'une haie, plié en deux, se tenant le ventre, suivi par deux gendarmes qui lui ont tourné autour, fusils pointés, alors qu'il gisait. Ils sont repartis, lui laissant dans le thorax un trou de six centimètres de diamètre. L'autopsie a conclu que ses poumons avaient explosé. Une sale affaire. Nous étions soixante mille sur place, nous avons été battus militairement, la centrale de Malville est sortie de terre à l'endroit même où le sang avait coulé.

Kayoko, je pense à ce temps-là, nous nous voulions héroïques, ceux qui avaient des enfants disaient faire ça pour eux, pour qu'ils puissent un jour les regarder dans les yeux. Mais nous avons perdu et, pendant quarante ans, avons dû assister à la construction de ces dômes le long des fleuves et des océans, ces camps retranchés protégés par des batteries de missiles sol-air, comme à La Hague.

La défaite des antinucléaires a permis l'arrogance de la technoscience. Le Commissariat à l'énergie atomique nous a promis sans rire la construction de cinquante surgénérateurs jusqu'à la fin du XXe siècle. On nous montrait dans un même geste le Concorde, et Malville, et les tours jumelles de Manhattan, réjouissez-vous ! Les uns se sont ralliés à cette folie, d'autres sont partis vivre de leurs moutons, d'autres encore se sont mis à tourner des films, inventer des musiques, écrire des romans, pour essayer d'y voir clair, comprendre comment on peut être à la fois à l'intérieur d'un système totalitaire et complètement étranger à lui, dissident, il va sans dire. Vous en savez quelque chose, Kayoko, c'est une position difficile à tenir.

Il y a quelques jours, je suis passé à Brangues, paisible village de l'Isère, allongé non loin du Rhône qui, à cet endroit, se donne l'air d'un fleuve au tracé hésitant, traversant un paysage aimé de Stendhal. En 1827, à l'intérieur de l'église du village, un jeune séminariste avait poignardé son ancienne maîtresse, la femme du maire, Mme Michoud. L'église avait dû être détruite et reconstruite, Stendhal l'avait déplacée en un lieu imaginaire qu'il appelle Verrières. Depuis *Le Rouge et le Noir*, paru en 1830, le village a peu changé. Jusqu'en 2008, le maire en était encore un M. Michoud, peut-être parent de l'ancienne victime du séminariste amoureux.

Brangues a su tirer profit de son passé grâce à un autre épisode. Un poète qui cherchait une église digne de ses prières est venu y passer toutes ses après-midi pendant vingt ans. J'ai trouvé sa tombe au coin d'un bois, Paul Claudel.

Cela ne serait que littérature si, à deux pas de Brangues, à distance de promenade bucolique, ne se trouvait une autre église hors d'usage, cathédrale surmontée d'un dôme de quatre-vingts mètres, dont la déconstruction dure depuis le siècle dernier, la fin n'en étant prévue que dans vingt ans. Ce gigantesque démantèlement coûtera deux milliards et demi d'euros. Le surgénérateur de Malville n'a pourtant fonctionné que dix-huit mois, consommant le peu d'électricité qu'il a su produire. On ne lui a pas laissé tenir ses promesses, bien qu'il soit l'installation industrielle la plus audacieuse jamais entreprise. Même les bombes atomiques d'Oppenheimer et de Sakharov ont demandé moins d'efforts. Malheureusement, le 19 juin 1997, le Premier ministre en exercice a eu cette phrase assassine : « Le surgénérateur qu'on appelle Superphénix sera abandonné. » Depuis lors, on déconstruit Malville comme on a dû déconstruire l'église de Brangues. Le chantier emploie une bonne centaine de salariés d'EDF et au moins trois cents prestataires, sous-traitance de sous-traitance, souvent renouvelés puisque DATR = Directement Affectés à des Travaux sous Rayonnements. Ces irradiés volontaires vivent dans la région, parfois dans des caravanes garées non loin de l'église de Brangues. L'année où

Malville a été poignardée dans le dos, comme disent les anciens d'EDF reprenant les paroles du juge à Julien Sorel, Brangues est retourné à la littérature grâce à une association qui organise de sympathiques rencontres autour de livres, de vin clair, de saucissons et du souvenir des deux grands écrivains réunis dans la même dévotion.

D'habitude, la littérature est de l'ordre du plaisir et des idées, et la science atomique de l'ordre du risque et du gigantisme. Ceux qui lisent Stendhal ou Claudel connaissent peu les dangers des cinq mille tonnes de sodium toujours stockées à cent quatre-vingts degrés dans la cuve du réacteur. Et ceux qui chaque jour traversent l'entrée, dite le hachoir, où ils doivent laisser leurs habits, se munir d'un dosimètre et d'un « code mental », se soucient peu des états d'âme littéraires d'un séminariste amoureux.

Le romanesque d'un côté, la technoscience de l'autre. Rien à échanger ? Me promenant le long des barbelés électrifiés de Malville pris dans les herbes folles, j'ai soudain eu le même sentiment que ce jour-là, au fond de la Pologne, quand j'ai ramassé un isolateur de porcelaine noircie, tombé de la clôture du camp d'Auschwitz, pour le rapporter à un ami. J'ai pensé que la démesure humaine – l'hybris des Grecs – nous guettera longtemps encore. Il s'agit de déconstruire davantage que le cœur de nos centrales, et pour cette tâche la littérature ne sera pas de trop.

Kayoko, hier sans nouvelles de vous, j'ai visité votre site sur la Toile. Il y a là de belles photos de corps nus et quelques textes de vous. J'ai revu aussi vos yeux étirés à côté de votre biographie et cette phrase que je fais mienne : « *We are no more closer to where we started from.* » C'est de cela qu'il s'agit, en route pour le démantèlement du cœur.

Sortir du nucléaire ne ressemblera pas à une sortie le soir à Shinjuku quand arrive le printemps. D'abord parce qu'il y a des arguments auxquels nous nous sommes habitués. Le désastre climatique global en est un. J'avoue qu'il m'est arrivé de flirter avec ces calculs effrayants où l'on justifie encore cent ans avec l'atome au nom d'un risque plus terrible encore, la disparition de l'espèce humaine. On se met à peser les âmes mortes à coups de tableaux Powerpoint. Et puis, il y aura les arguments des nationalistes qui parlent d'indépendance énergétique de la nation quand il ne s'agit que d'autonomie électrique relative. Puis l'on nous servira la nouvelle carrosserie, ces machines qui seraient intrinsèquement infaillibles et pertinentes parce qu'alimentées par un nouveau combustible appelé MOX. Il présente l'intéressante propriété d'être à la fois plus dangereux que l'uranium et impossible à retraiter en raison de sa teneur en plutonium. La tranche numéro trois de Fukushima, étant désormais en attente de sépulture, n'aura pas besoin d'une nouvelle livraison de MOX. Nous devrons finalement apprendre à répondre aux sourires de ceux qui dirigent nos industries. Trois jours après ce qui n'est « pas une catastrophe », la pédégé d'Areva fustigeait à la télévision ceux qui « instrumentalisent la peur », oubliant que, quelques heures après le tsunami, les techniciens de son groupe s'enfuyaient de Fukushima sans demander leur reste. Il y aura des arguments économiques concernant le manque à gagner de la tranche qu'on n'a pas pu livrer à Kadhafi, des arguments qui feront passer le nucléaire pour naturel, des arguments pseudo-techniques sur le souffle des éoliennes qui pollue les nuages. Il y aura des propositions de compromis, des débats et des actes. Fukushima aussi est un acte. Et pour s'en sortir sans autre désastre, il ne faudra plus que les techniciens des centrales se suicident sur leur lieu de travail. Il faudra leur offrir d'autres raisons d'espérer, car désormais il n'y a plus aucune place libre sur le calendrier, du 1er janvier au 31 décembre, sans qu'un accident soit signalé sur l'échelle infernale. Nous savons de quoi il en retourne, notre catastrophisme s'est éclairé ; la passivité accablée, c'est fini. Nous sommes les habitants d'une mondialité qui saura se passer des énergies fossiles.

Dans quelques jours, la jeunesse de Tokyo devrait venir s'installer dans les parcs, munie de bâches bleues déployées le long des allées goudronnées. Chaque groupe réserve sa place avec des couvertures, des tatamis, des boîtes de repas en bois laqué, des canettes de bière. Puis on se couche sur le dos pour voir les étoiles à travers les pétales blancs. J'avais aimé ces milliers de noctambules à l'écoute de l'équinoxe. Pour le moment, les vents mauvais n'ont pas encore rejoint Tokyo, je voudrais tellement que cette fête du printemps, cette nuit sous les cerisiers avec les bougies et les lampes de poche, soit de nouveau possible. Je vous le souhaite de tout cœur et vous embrasse comme vous aviez su le faire, ce soir où je vous ai quittée. Les portes du métro se refermaient sur vous et vous m'aviez envoyé un baiser, à travers la vitre. À bientôt.

Daniel

Frasne-les-Meulières, 18 mars 2011

P.-S. Je viens d'ouvrir votre message où vous m'écrivez que tout va bien, que je suis *so sweet*, que les médias occidentaux sont plus effrayants que les vôtres. Oui, je savais que vous me diriez que votre malheur ne nous regarde pas, comme s'il n'existait pas. Si vous pouviez avoir raison...

CHRONOLOGIE DES ÉVÉNEMENTS À LA CENTRALE DE FUKUSHIMA

Vendredi 11 mars

14 h 46. Un tremblement de terre de magnitude 9 frappe la côte nord-est du Japon. Il déclenche un tsunami meurtrier qui balaie les rivages de l'archipel. Cinq heures plus tard, le gouvernement japonais fait état d'un problème dans le circuit de refroidissement de la centrale nucléaire de Fukushima Daiichi.

Samedi 12 mars 2011

Les techniciens relâchent en urgence de la vapeur pour éviter une pression trop importante dans l'enceinte de confinement. Au sein de la salle de contrôle de l'unité 1, le niveau de radiation est mille fois supérieur à la norme. Forte explosion avec projection de débris et émission d'un panache blanc, la partie haute du bâtiment et la toiture s'effondrent. Décharge de pression sur l'unité 2 à la suite d'une fuite de liquide de refroidissement du réacteur. Refroidissement en urgence à l'eau de mer.

Dimanche 13 mars 2011

À la suite d'une défaillance du refroidissement, lâcher de vapeur sur le réacteur n° 3 puis injection d'eau de mer et d'acide borique à l'aide de la pompe à incendie. Importants problèmes de refroidissement à Fukushima Daini, située à douze kilomètres de Fukushima Daiichi. Le Premier ministre japonais ordonne l'injection d'eau de mer borée dans le réacteur.

Lundi 14 mars 2011

Seconde explosion, cette fois dans le réacteur n° 3 de Fukushima Daiichi, soufflant le toit du bâtiment. Onze personnes sont blessées. L'injection d'eau doit être interrompue par manque d'eau de mer dans le puits. Le circuit de refroidissement du réacteur n° 2 cesse de fonctionner.

Mardi 15 mars 2011

Explosion endommageant l'enceinte de confinement du réacteur n° 2. Le personnel est évacué, hormis cinquante ouvriers chargés de refroidir les réacteurs en activant les pompes dans des conditions dangereuses. L'explosion a endommagé la piscine de condensation de l'enceinte de confinement du réacteur n° 2. Incendie de la piscine d'entreposage du n° 4. Explosion suivie d'un incendie dans le réacteur n° 4. Élargissement du périmètre de sécurité, évacuation de la population dans un rayon de 30 km. Fortes radiations près des réacteurs n°s 3 et 4, désormais en zone rouge.

Mercredi 16 mars 2011

L'hélicoptère mobilisé pour l'arrosage des piscines de stockage ne peut accomplir sa mission en raison du débit de dose trop important. Les opérateurs sont évacués de la salle de contrôle centrale des unités 3 et 4. Le gouvernement japonais confirme un endommagement partiel de l'enceinte de confinement du réacteur chargé au MOX (mélange d'oxydes d'uranium et de plutonium). Un hélicoptère de l'armée déverse de l'eau sur le réacteur n° 3 de la centrale, et de l'acide borique sur le réacteur n° 4, opération abandonnée en raison des émanations radioactives trop fortes.

Jeudi 17 mars 2011

Des militaires de l'armée de l'air américaine ainsi que des membres de la sécurité civile japonaise chargent sur un camion une pompe à haut débit fournie par les États-Unis. De l'eau de mer est injectée dans les réacteurs n°s 1, 2, 3 et 4 de Fukushima Daiichi. Cent soixante-dix techniciens, dits pompiers du nucléaire, sur le site de la centrale Fukushima pour mener les opérations de refroidissement. Rejets de vapeur en provenance des réacteurs n°s 2, 3 et 4. Onze camions-citernes, habituellement utilisés pour contenir les manifestations, arrosent les réacteurs.

Vendredi 18 mars 2011

Une semaine après le début des événements, le courant n'est toujours pas rétabli. Le nombre de techniciens sur le site est augmenté à trois cents. À l'annonce du passage au niveau 5 de l'échelle des incidents, l'exploitant présente ses excuses aux habitants vivant dans les environs de la centrale.

Samedi 19 mars 2011

Le retour de l'alimentation électrique est annoncé pour le second générateur d'urgence du réacteur n° 6. Démarrage de la pompe du système d'évacuation de chaleur résiduelle afin de refroidir la piscine de combustible de l'unité 6.

Dimanche 20 mars 2011

Grâce au rétablissement de l'électricité, passage en arrêt froid des réacteurs n°s 5 et 6 désormais inutilisables.

Lundi 21 mars 2011

Les rejets radioactifs se poursuivent, dus à des opérations de décompression volontaire des enceintes de confinement et à certaines fuites. Une fumée grisâtre s'échappe du réacteur n° 3, considéré comme le plus dangereux en raison d'une forte charge en combustible MOX. Évacuation d'une grande partie des employés de la centrale. Le réacteur n° 2 présente un dégagement de fumée blanche, qui s'échappe d'une fissure du toit.

Mardi 22 mars 2011

Nouveaux dégagements de vapeur des réacteurs n°s 2 et 3. Hormis les unités 5 et 6, les autres réacteurs ne sont toujours pas alimentés. Le ministre japonais de l'Industrie menace de « punir » les pompiers qui refuseraient d'intervenir à la centrale de Fukushima, où les doses de rayonnement radioactif sont très élevées. Augmentation de la température autour du réacteur n° 1.

Mercredi 23 mars 2011

Injection d'eau de mer dans le réacteur n° 1 par le circuit d'alimentation en eau. Arrosage de la piscine n° 4. Deux nouvelles fortes secousses sismiques de magnitude 5,8 et 6,0 près de la centrale de Fukushima. Le niveau de radiation atteint 500 millisieverts par heure, ce qui correspond à la dose de rayonnement à laquelle avaient été soumis les liquidateurs de Tchernobyl. Les autorités japonaises annoncent qu'un prélèvement de sol à 40 km au nord-ouest du site montre une très forte contamination en césium 137. À 100 m au large de Fukushima, des prélèvements d'eau de mer contiennent des niveaux d'iode cent fois supérieurs à la norme japonaise.

Jeudi 24 mars 2011

Le gouvernement japonais annonce que le démantèlement de Fukushima durera plusieurs décennies.

À suivre…

CET OUVRAGE
A ÉTÉ TRANSCODÉ
ET ACHEVÉ D'IMPRIMER
PAR L'IMPRIMERIE FLOCH
À MAYENNE EN AVRIL 2011

N° d'impression : 79373
Dépôt légal : avril 2011
Imprimé en France